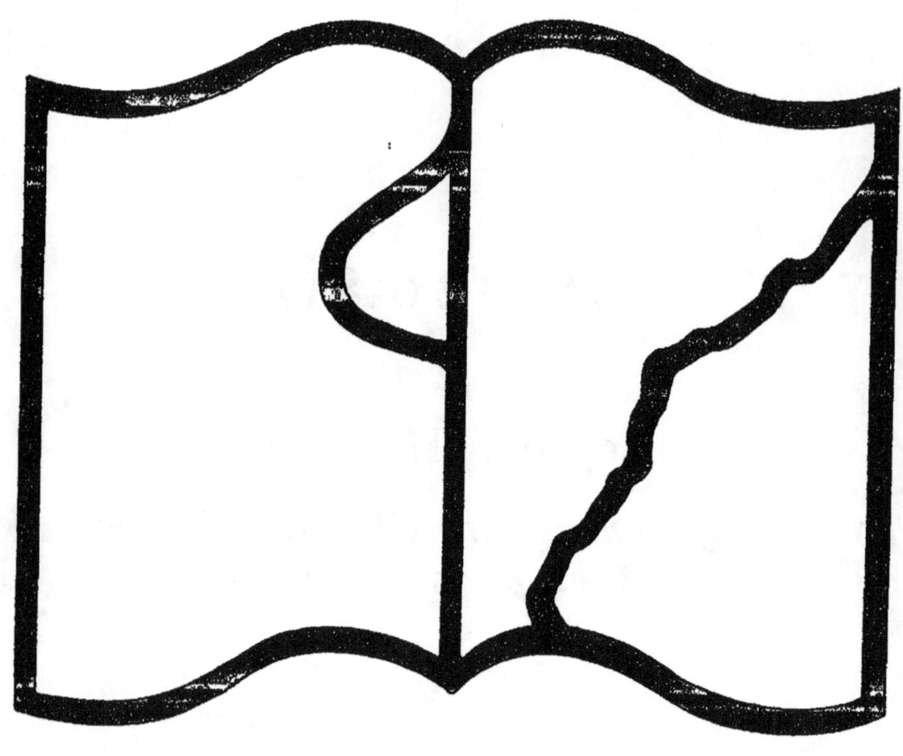

Symbole applicable
pour tout, ou partie
des documents microfilmés

Texte détérioré — reliure défectueuse

NF Z 43-120-11

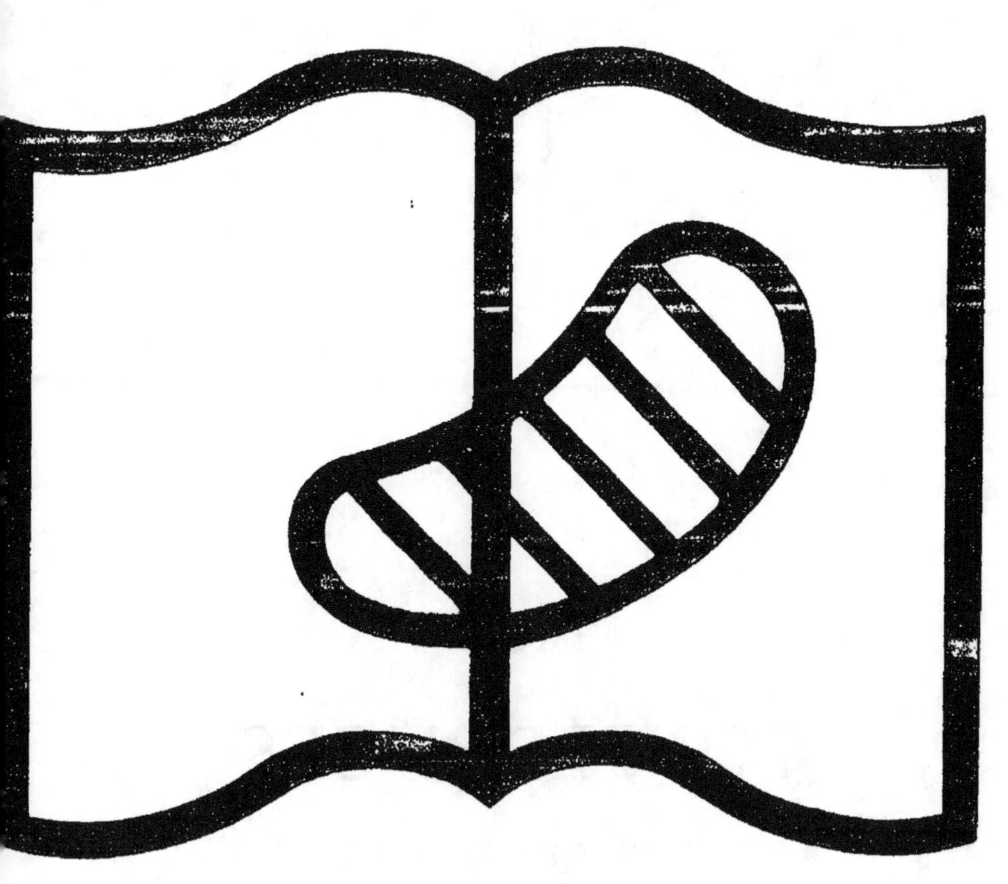

**Symbole applicable
pour tout, ou partie
des documents microfilmés**

Original illisible

NF Z 43-120-10

TROIS
CONFÉRENCES
AU CIRQUE D'HIVER

Coulommiers. — Typogr. Albert PONSOT et P. BRODARD.

TROIS

CONFÉRENCES

AU CIRQUE D'HIVER

(15, 22 ET 29 AVRIL 1877)

PAR

HYACINTHE LOYSON

PRÊTRE.

Pro Ecclesiâ liberâ in patriâ liberâ.
Pour l'Eglise libre dans la patrie libre.

LE RESPECT DE LA VÉRITÉ
LA RÉFORME DE LA FAMILLE
LA CRISE MORALE

PARIS

GRASSART, LIBRAIRE-ÉDITEUR

2, RUE DE LA PAIX, 2

PRÉFACE

Je donne au public ces trois discours, tels à peu près qu'ils ont été prononcés, sans essayer d'en faire disparaître les défauts inhérents à l'improvisation, et plus encore peut-être à la gêne qui m'était imposée par les restrictions de la loi. Je crois même devoir y conserver les marques d'approbation ou d'improbation qui se sont produites, selon qu'elles ont été recueillies par la sténographie. Il ne s'agit pas ici d'une œuvre littéraire, mais d'un acte d'apostolat. Ce qui demeure, ce qui est vraiment grand, et jusqu'à un certain point imprévu, c'est l'accueil fait en France, à Paris, par l'un des plus glorieux auditoires qui se puisse rêver, à la liberté de la conscience dans la personne d'un prêtre qui lui a tout sacrifié, et en même temps à la foi chrétienne et à la réforme catholique très-nettement et très-énergiquement affirmées par ce prêtre.

Je suis de ceux que l'on nommait en France, avant 1870, les catholiques libéraux ; mais, à l'encontre de la plupart de mes amis d'alors, je me suis refusé à abjurer ou à taire mes anciennes croyances et j'ai osé en tirer les conséquences qu'elles renferment. Je rejette le concile du Vatican parce qu'il a manqué de liberté, parce qu'il n'a été, pour rappeler encore une fois une expression douloureusement vraie du Père Gratry, « qu'un guet-apens suivi d'un coup d'État. » Je le rejette encore et surtout, parce qu'à mes yeux ce concile ne représente pas l'Église universelle. L'une des erreurs les plus répandues, les plus pernicieuses et cependant les moins fondées en théologie et en histoire, est précisément la confusion que l'on fait du catholicisme avec le papisme, qui n'en est que la contrefaçon. L'Église romaine, ou comme on l'appelait autrefois, l'Église latine, n'est qu'une portion de l'Église catholique, et une portion qui n'est pas restée pure. Sans parler des nombreux protestants qui, fatigués de tant de divisions et d'incertitudes, se rapprochent chaque jour des véritables principes ecclésiastiques, sans parler surtout de la grande Église épiscopale d'Angleterre et d'Amérique, il y a en Orient plus de 80 millions de catholiques gréco-russes, dont le pape lui-même reconnaît les évêques, puisqu'il les a convoqués solennellement au concile de 1870, en même temps, il est vrai, qu'il leur en rendait l'accès moralement impossible.

Sans doute l'Église grecque, dans son état actuel, n'est pas un idéal : la longue domination des Turcs et l'état relativement inférieur des populations grecques et slaves l'ont privée des développements auxquels elle avait droit. Elle n'en présente pas moins un type doctrinal et disciplinaire très-ancien et très-défini, également éloigné du romanisme et du protestantisme, et propre à servir de méditation à ceux qui désirent accomplir une réforme sérieuse en Occident [1].

1. « L'Église gréco-russe est loin sans doute d'être libre ; mais il est faux de la dire soumise de droit au chef séculier de l'empire russe, qui s'est positivement prononcé sur ce point. Les romanistes ainsi que les nombreux protestants qui jettent des regards d'une dédaigneuse pitié sur l'état de dépendance politique où cette Église est placée de fait, et qui la traitent d'Église opprimée, devraient savoir que la dépendance où elle se trouve dans les temps modernes n'est qu'accidentelle, et ne résulte nullement de sa constitution même, tandis que l'Église romaine et les communautés protestantes sont précisément dans le cas contraire ; car la première n'a su se soustraire à la souveraineté temporelle qu'en se soumettant sans condition à un souverain spirituel, et les dernières ne se sont affranchies de la dépendance d'un despote spirituel qu'en reconnaissant pour premier pasteur le prince séculier. » Le catholicisme d'Orient et d'Occident, par François de Baader, professeur de dogmatique à l'Université de Munich, 1840.

« Cette persévérance de la Russie dans les principes de sa religion, qui a résisté à tant de tentations, n'entre-t-elle pas dans

Cette réforme devrait avoir ses caractères particuliers, conformes au passé de notre Église, au génie de nos races et à l'état de notre civilisation; mais il lui faudrait par-dessus tout rester fidèle aux grands principes du catholicisme, je veux dire : 1° au dogme et au culte traditionnels, tels qu'ils ont été définis par les conciles véritablement œcuméniques, communs à l'Orient et à l'Occident; 2° à un épiscopat d'origine apostolique, représentant la continuité de l'Église à travers l'histoire et servant de gardien à l'unité et à la perpétuité de la foi. Que ces formes vénérables et nécessaires soient mises plus directement en contact avec la science et la liberté modernes, dont elles n'ont rien à redouter, qu'elles soient de plus en plus pénétrées d'un souffle, trop souvent absent, de spiritualisme évangélique, et rien ne les empêchera de servir de cadre à une puissante réforme tout à la fois conservatrice et progressive, aussi étrangère au rationalisme qu'à l'obscurantisme.

On le voit, je n'ai pas changé ma voie, je l'ai conti-

les vues de la Providence pour le développement du christianisme dans l'avenir ? L'Église gréco-russe ne ressemble-t-elle pas à ce blé que l'on sème en automne et qui reste longtemps sous des monts de neige, se conservant intact et plein de vigueur pour reparaître au printemps avec une nouvelle force de végétation ? Où retrouverait-on cette source de l'Église primitive, si on voulait y revenir, si ce n'est en Russie ? » Lettre du professeur Étienne de Chevireff, de Moscou (dans le même ouvrage).

nuée en ligne droite sans tenir compte de l'obstacle exté-
rieur que l'on m'opposait. Voilà comment, après avoir
été à l'extrême gauche dans l'enceinte de la hiérarchie
romaine, je me trouve comme naturellement à l'extrême
droite des hommes religieux séparés de Rome. Rien de
commun dans ma pensée et dans mon œuvre avec ce que
le radicalisme autoritaire s'est efforcé de réaliser ailleurs : non-seulement je veux la liberté pour tous,
même pour les ultramontains qui me la refusent, mais
je suis aux antipodes de ce qu'on est convenu de nommer la libre-pensée. Le Christ que je prêche aujour-
d'hui est le même que je prêchais à Notre-Dame, non
pas un simple mortel, ni un prophète, ni même un
demi-dieu, mais le Logos ou la Raison éternelle du
Père manifestée personnellement dans l'homme réel qui
se nommait Jésus. J'y crois et je l'adore.

On a prétendu que le mariage des prêtres m'avait
préoccupé d'une manière excessive et trop personnelle.
Ce qui est vrai, c'est que ce point me paraît central et
décisif dans la nouvelle réforme [1]. Je respecte le célibat
comme une exception légitime, salutaire, sublime, mais
à condition qu'il soit réel et non apparent, libre et non
forcé, libre non-seulement à son début, mais à chaque
instant de sa durée, de telle sorte qu'il soit toujours

1. Voir à l'Appendice : *Lettre sur mon mariage.*

permis à l'homme placé par le Christ sous la loi royale de la liberté, de passer du célibat des saints au mariage des saints, sans qu'il soit dit pour cela qu'il recule ou qu'il descend. Avec le célibat forcé, disparaîtraient les abus redoutables d'une institution aussi antique, et, si on la ramène à son véritable esprit, aussi bienfaisante que la confession. D'ailleurs, en rendant au prêtre le foyer sacré de la famille, on le délivrerait de l'asservissement à une puissance étrangère, et du même coup on le réconcilierait avec la nature humaine en général, et avec le patriotisme en particulier. L'un des plus grands maux de l'Église romaine — l'illustre et pieux abbé Rosmini le signalait en tête même de ses Cinq plaies de l'Église — c'est la séparation du clergé et du peuple.

Pour la même raison, j'insiste fortement sur la nécessité de populariser les Saintes-Écritures, qui sont la base commune des croyances chrétiennes, et de célébrer le culte divin dans une langue accessible, non-seulement au clergé, mais à la communauté tout entière. La parole de Dieu à l'Église, c'est la Bible, et la parole de l'Église à Dieu, c'est la Liturgie. Il faut que ce sublime colloque, trop longtemps interrompu, recommence.

Enfin, sans être un partisan absolu de la séparation

de l'Église et de l'État, que j'ai revendiquée à Genève à raison des circonstances locales, je reste fidèle à la grande devise de M. de Montalembert et de ses anciens amis : Pro Ecclesiâ liberâ in patriâ liberâ. Le grand archevêque de Cantorbéry, saint Anselme, a dit excellemment : « Dieu n'aime rien tant ici-bas que la liberté de son Église. » Les ultramontains ont fait de cette parole le plus étrange abus, et M. de Montalembert lui-même, à certaines époques de sa vie, n'a pas été sans reproche à cet égard. Aujourd'hui surtout, la liberté de l'Église, c'est l'absolutisme du clergé ou plutôt c'est l'absolutisme du pape. L'Église ne s'appartient plus : après avoir été à une caste, elle est maintenant à un homme. Pour la rendre véritablement à elle-même, je ne vois qu'un moyen, le rétablissement de l'élection des évêques par le clergé et par le peuple fidèle. C'est là un changement trop considérable pour qu'il soit fait à la hâte et sans de grandes précautions, mais en lui-même il ne serait qu'un retour à la tradition des siècles les plus anciens et les plus florissants [1]. L'Église, comme on la définissait alors, c'est le peuple uni à son évêque :

---

1. Voir l'admirable ouvrage de l'abbé Rosmini : Des cinq plaies de la Sainte Église. Ch. IV. De la plaie du pied droit de la Sainte Église, qui est la nomination des évêques par le pouvoir séculier.

plebs adunata sacerdoti. Ainsi constituée sous des pasteurs de son choix, puissants pour la gouverner, impuissants pour l'opprimer, l'Église conserverait et interpréterait son dogme, statuerait sur sa discipline et sur sa liturgie, se développerait régulièrement dans le sens de son principe divin, et en même temps selon les divers milieux des pays et des temps. Le défenseur par excellence du système épiscopal, saint Cyprien de Carthage, écrit qu'il avait résolu, dès le commencement de son épiscopat, de n'agir que de l'avis de son clergé et avec le consentement du peuple. Cette part réservée aux laïques dans le gouvernement de l'Église, il la nomme « la majesté du peuple fidèle. » Je ne crains pas de le dire après un si grand évêque, c'est cette majesté qu'il faut aujourd'hui restaurer.

La liberté du mariage des prêtres, la célébration du culte en langue nationale, l'élection des évêques : ce sont là des points disciplinaires qui, de l'aveu même des théologiens romains, ne touchent nullement au dogme catholique ; et cependant ils renferment le germe d'une réforme capable de renouveler l'Église tout entière.

Cette réforme si désirable, si nécessaire, l'Église et la France l'accompliront-elles ? Je le demande à Dieu de toute l'ardeur de mon âme, car ce serait le salut de l'une et de l'autre. La France a besoin du catholicisme, elle n'aura point d'autre religion, et pourtant elle ne se réconciliera avec l'Église que si l'Église se réconcilie elle-même avec la liberté, avec la raison, avec l'Évangile.

Pour moi, quel que soit le résultat de mon entreprise, je ne me repentirai pas de l'avoir tentée. Je ne mesure pas la justice d'une cause à son succès, surtout à son succès facile et prochain. « Il y en a un qui sème, et il y en a un qui moissonne. » J'aurais horreur de former une secte : j'ai la passion de l'unité ; et si je ne pouvais contribuer, pour ma part, à la réforme de l'Église latine, je saurais vivre et mourir seul en apparence, mais en réalité uni à l'Église catholique par une communion qu'il n'appartient à aucun homme de rompre, ni même de juger.

Orléans, ma ville natale, célèbre aujourd'hui même le 448e anniversaire de sa délivrance par Jeanne d'Arc. Or, en relisant le procès de cette vierge héroïque, brûlée par l'Inquisition, au nom de la foi catholique, voici ce que j'y trouve :

« On lui demanda si elle se voulait rapporter au jugement de l'Église, qui est sur la terre, de tout ce qu'elle avait dit ou fait. Elle répondit qu'elle s'en rapporterait de tout à l'Église militante, pourvu qu'elle ne lui commandât chose impossible à faire.

1. Jean, IV, 37.

— Je ne m'en rapporterais à homme du monde, fors à Notre-Seigneur, que je ne fisse toujours son bon commandement.

— Ne croyez-vous point que vous êtes sujette à l'Église qui est en terre?

— Oui, notre Sire premier servi (Notre-Seigneur servi d'abord). [1] »

Je veux m'efforcer d'imiter la pieuse et courageuse fille. Je ne consentirai pas plus qu'elle à sacrifier l'une à l'autre ces voix qui, malgré les apparences contraires, ne se contredisent jamais : la voix par laquelle Dieu nous parle dans son Église, et la voix par laquelle il nous parle aussi dans notre conscience. Je m'en rapporte à cette Église, « je demeure sujet à l'Église qui est en terre, » et si je résiste à ceux qui nous oppriment en son nom, c'est pour lui mieux obéir et pour la mieux servir ; car celui qu'il faut par-dessus tout écouter dans

1. Jeanne d'Arc, par H. Wallon, de l'Institut. Tome II, p. 126 et 127. — Pendant le supplice de Jeanne, on lisait cette inscription placée sur son bûcher : « Jehanne qui s'est fait nommer la Pucelle, menteresse, pernicieuse, abuseresse du peuple, divineresse, supersticieuse, blasphémeresse de Dieu, présomptueuse, malcréant de la foy de Jésus-Christ, vanteresse, idolâtre, cruelle, dissolue, invocateresse de diables, apostate, schismatique, hérétique. » Loin de moi la pensée de me comparer, même de loin, à l'admirable fille ; et pourtant cette litanie d'injures, prétendues orthodoxes, m'encourage à supporter celles qui me sont adressées.

l'Église, Celui dont il faut « faire toujours le bon commandement, » c'est le Seigneur et Sauveur Jésus-Christ.

« Oui, notre Sire premier servi. »

Paris, le 8 Mai 1877.

HYACINTHE LOYSON,
Prêtre.

APPENDICE

Je crois devoir placer à la fin de ce petit volume deux lettres propres à mettre dans leur véritable jour les deux actes principaux de ma vie militante. Par la première de ces lettres, en quittant mon couvent, je protestais contre l'infaillibilité du pape, avant même qu'un concile sans liberté en eût fait un dogme sans vérité. Par la seconde, à la veille de mon mariage, je donnais à cet acte individuel la portée générale que, dans les circonstances, il devait avoir, et j'affirmais le droit de tous les prêtres au mariage chrétien. Ces deux points, l'un dogmatique, l'autre moral, me paraissent le nœud de toutes les erreurs et de tous les abus du système romain, et c'est conséquemment par eux que doit commencer une réforme sérieuse de l'Église latine.

Au R. P. Général des Carmes déchaussés, à Rome.

Paris-Passy, 20 septembre 1869.

Mon très-révérend Père,

Depuis cinq années que dure mon ministère à Notre-Dame de Paris, et malgré les attaques ouvertes et les délations cachées dont j'ai été l'objet, votre estime et votre confiance ne m'ont pas fait un seul instant défaut, j'en conserve les nombreux témoignages écrits de votre main, et qui s'adressent à mes prédications autant qu'à ma personne. Quoi qu'il arrive, j'en garderai un souvenir reconnaissant.

Aujourd'hui cependant, par un brusque changement, dont je ne cherche pas la cause dans votre cœur, mais dans les menées d'un parti tout-puissant à Rome, vous accusez ce que vous encouragiez, vous blâmez ce que vous approuviez, et vous exigez que je parle un langage ou que je garde un silence qui ne seraient plus l'entière et loyale expression de ma conscience.

Je n'hésite pas un instant. Avec une parole faussée par un mot d'ordre ou mutilée par des réticences, je ne saurais remonter dans la chaire de Notre-Dame. J'en exprime mes regrets à l'intelligent et courageux archevêque qui me l'a ouverte et m'y a maintenu contre le mauvais vouloir des hommes dont je parlais tout à l'heure. J'en exprime mes regrets à l'imposant auditoire qui m'y environnait de son attention, de ses sympathies, j'allais presque dire de son amitié. Je ne serais digne ni de l'auditoire, ni de l'évêque, ni de ma conscience, ni de Dieu, si je pouvais consentir à jouer devant eux un pareil rôle !

Je m'éloigne en même temps du couvent que j'habite, et qui, dans les circonstances nouvelles qui me sont faites, se change pour moi en une prison de l'âme. En agissant ainsi, je ne suis point infidèle à mes vœux : j'ai promis l'obéissance monastique, mais dans les limites de l'honnêteté de ma conscience, de la dignité de ma personne et de mon ministère. Je l'ai promise sous le bénéfice de cette loi supérieure de justice et de *royale liberté*, qui est, selon l'apôtre saint Jacques, la loi propre du chrétien.

C'est la pratique plus parfaite de cette liberté sainte que je suis venu demander au cloître, voici plus de dix années, dans l'élan d'un enthousiasme pur de tout calcul humain, je n'ose pas ajouter dégagé de toute illusion de jeunesse. Si, en échange de mes sacrifices, on m'offre aujourd'hui des chaînes, je n'ai pas seulement le droit, j'ai le devoir de les rejeter.

L'heure présente est solennelle. L'Église traverse l'une des crises les plus violentes, les plus obscures et les plus décisives de son existence ici-bas. Pour la première fois, depuis trois cents ans, un concile œcuménique est non-seulement convoqué, mais déclaré *nécessaire*, ce sont les expressions du Saint-Père. Ce n'est pas dans un pareil moment qu'un prédicateur de l'Evangile, fût-il le dernier de tous, peut consentir à se taire, comme ces *chiens muets* d'Israël, gardiens infidèles à qui le prophète reproche de *ne pouvoir point aboyer : Canes muti, non valentes latrare.*

Les saints ne se sont jamais tus. Je ne suis pas l'un d'eux, mais toutefois je me sais de leur race — *filii sanctorum sumus,* — et j'ai toujours ambitionné de mettre mes pas, mes larmes et, s'il le fallait, mon sang dans les traces où ils ont laissé les leurs.

J'élève donc, devant le Saint-Père et devant le concile, ma protestation de chrétien et de prêtre contre ces doctrines et ces pratiques qui se nomment romaines, mais qui ne sont pas chrétiennes, et qui, dans leurs envahissements toujours plus audacieux et plus funestes, tendent à changer la constitution de l'Église, le fond comme la forme de son enseignement, et jusqu'à l'esprit de sa piété. Je proteste contre le divorce impie autant qu'insensé qu'on s'efforce d'accomplir entre l'Église, qui est notre mère selon l'éternité, et la société du dix-neuvième siècle, dont nous sommes les fils selon le temps, et envers qui nous avons aussi des devoirs et des tendresses. Je proteste contre cette opposition plus radicale et plus effrayante encore avec la nature humaine, atteinte et révoltée par ces faux docteurs dans ses aspirations les plus indestructibles et les plus saintes. Je proteste par-dessus tout contre la perversion sacrilége de l'Évangile du Fils de Dieu lui-même, dont l'esprit et la lettre sont également foulés aux pieds par le pharisaïsme de la loi nouvelle.

Ma conviction la plus profonde est que si la France en particulier, et les races latines en général, sont livrées à l'anarchie sociale, morale et religieuse, la cause principale en est non pas sans doute dans le catholicisme lui-même, mais dans la manière dont le catholicisme est depuis longtemps compris et pratiqué.

J'en appelle au concile qui va se réunir pour chercher des remèdes à l'excès de nos maux, et pour les appliquer avec autant de force que de douceur. Mais si des craintes, que je ne veux point partager, venaient à se réaliser, si l'auguste assemblée n'avait pas plus de liberté dans ses délibérations qu'elle n'en a déjà dans sa préparation, si, en un mot, elle était privée des caractères essentiels à un concile œcuménique, je crierais vers Dieu et vers les hommes pour en réclamer un autre véritablement réuni dans le Saint-Esprit, non dans l'esprit des partis, représentant réellement l'Église universelle, non le silence des uns et l'oppression des autres. « Je souffre cruellement à cause de la souffrance de la fille de mon peuple ; je pousse des cris de douleur et l'épouvante m'a saisi. N'est-il plus de baume en Galaad ? et n'y a-t-il plus là de médecin ? Pourquoi donc n'est-elle pas

fermée la blessure de la fille de mon peuple ? »
(Jérémie, VIII.)

Et enfin, j'en appelle à votre tribunal, ô Seigneur
Jésus ! *Ad tuum, Domine Jesu, tribunal appello !*
C'est en votre présence que j'écris ces lignes, c'est
à vos pieds, après avoir beaucoup réfléchi, beaucoup souffert, beaucoup attendu, c'est à vos pieds
que je les signe. J'en ai la confiance, si les hommes
les condamnent sur la terre, vous les approuverez
dans le ciel. Cela me suffit pour vivre et pour
mourir.

FR. HYACINTHE,

*Supérieur des Carmes déchaussés de Paris,
deuxième définiteur de l'Ordre dans la
province d'Avignon.*

LETTRE

SUR

MON MARIAGE

—◦◦∝◦◦—

Paris, 25 juillet 1872.

La détermination que je viens de prendre appartient de sa nature à la vie privée : elle tient à ce
que celle-ci renferme de plus intime, de plus doux
et de plus sacré. Ma qualité de prêtre, à laquelle
je ne peux, ni ne veux renoncer, lui imprime
malgré moi une publicité bruyante, je dirai même
une solennité terrible. Si le mariage n'était pour
moi qu'une satisfaction personnelle, je n'y songe-
rais pas un instant ; je sais très-bien que l'humble

et pur foyer que je fonde sera insulté par les uns, délaissé par les autres et qu'il renfermera l'angoisse avec la joie.

La principale de mes tristesses, c'est que j'aurai affligé beaucoup d'âmes; c'est que j'aurai scandalisé, — contre ma volonté sans doute, — mais enfin j'aurai scandalisé plusieurs de ces petits qui croient dans le Christ et pour chacun desquels je voudrais mourir. Je fournis aux hommes méchants et aux hommes légers, deux catégories nombreuses et qui mènent le genre humain, une arme nouvelle et puissante, non pas seulement contre ma personne, mais contre ma cause. « Il voulait se « marier, s'écriera-t-on de toutes parts, il n'a pas « eu le courage de le dire. — Il a parlé de l'infail- « libilité, et ce n'était qu'un prétexte. — Ce beau « drame finit par une comédie ! »

Résolu par avance à garder le silence devant les attaques dont je serai l'objet, je viens, une fois pour toutes, donner au public sérieux, et plus particulièrement au public chrétien, des explications qui revêtent forcément le caractère d'une confession, mais qui m'apparaissent comme un devoir envers les consciences que mon exemple va nécessairement troubler ou éclairer.

Si j'avais quitté mon couvent dans le but de me marier, — ce qui n'est pas, — j'en conviendrais sans peine, car je n'aurais rien fait qui ne pût s'avouer très-haut devant ceux qui placent la loi naturelle avec ses droits et ses devoirs imprescriptibles au-dessus des lois humaines et surtout des engagements fictifs. Ce qui est coupable et honteux, c'est de traîner sans conviction et trop souvent sans moralité, la chaîne d'obligations auxquelles on ne tient plus qu'à raison des préjugés du monde et par un calcul d'intérêt personnel. Ce qui doit exciter la réprobation, ce dont, pour ma part, j'ai toujours eu horreur, ce n'est pas le mariage, c'est le péché! — Obstinément fidèle aux principes de l'Église catholique, je ne me sens en aucune manière lié par ses abus, et je suis persuadé que les vœux perpétuels sont au rang des plus funestes. L'erreur de Luther n'a pas été dans ce chaste et pieux mariage que devraient imiter la plupart de ceux qui le maudissent : elle est uniquement dans sa rupture avec les traditions légitimes et avec l'unité nécessaire de l'Église.

Je le répète donc, si j'avais quitté mon couvent pour me marier, si j'avais sacrifié à une grande et légitime affection de l'âme, peut-être à un devoir de conscience, la glorieuse chaire de Notre-Dame de Paris, je ne croirais pas avoir à m'en défendre. Mais si je n'avais pas eu le courage et la franchise de ma conviction, si, pour mieux préparer mes secrets desseins, je les avais couverts du manteau des questions dogmatiques, j'aurais été coupable, très-coupable, et je mériterais de me voir désavoué et flétri par tous les cœurs honnêtes.

Seulement, qu'on me permette de l'observer, ce honteux calcul serait en même temps un calcul inepte. En face du préjugé enraciné par les siècles et tout-puissant chez les peuples latins, chez les Français surtout, je ne pouvais bonnement espérer que quelques écrits contre l'infaillibilité papale et contre le célibat forcé changeraient comme par enchantement le courant de l'opinion. En affirmant, comme je n'ai pas cessé un instant de le faire, comme je le fais encore à cette heure, que j'entends demeurer catholique et prêtre, je n'améliorais en aucune façon ma condition pratique à l'égard du mariage : je l'aggravais au contraire et je me créais, en quelque sorte à plaisir, une position qui paraîtrait au grand nombre illogique, insoutenable et sans issue.

Ah! si je me faisais un tel jeu de ma conscience

et de celle des autres, si pour moi les problèmes les plus redoutables de l'ordre religieux n'étaient que des prétextes à mes intérêts ou à mes passions, je n'avais qu'à faire au protestantisme une injure qu'il ne mérite pas, et trompant la bonne foi des amis éminents que je compte dans ses rangs, j'aurais trouvé auprès d'eux la justification que je chercherais vainement dans l'opposition au Concile et à l'infaillibilité.

Non, mon mariage n'a rien à voir avec mes convictions religieuses, ni avec mon acte du 20 septembre 1869, ou plutôt, je me trompe, il s'y rattache intimement, mais de cette manière générale et généreuse qui relie entre eux tous les progrès accomplis par une âme dans la lumière et dans la liberté.

Je m'expliquerai avec une entière franchise. Je dois au célibat religieux quelques-unes des joies les plus exquises, quelques-unes des expériences le plus profondes et les plus décisives de mon existence. Depuis l'âge de dix-huit ans que j'en ai fait choix, je l'ai observé avec une fidélité dont je rends gloire à Dieu. Si donc aujourd'hui, à quarante-cinq ans, dans le calme aussi bien que dans la maturité de la raison, du cœur, de la conscience, de tout mon être enfin, je crois devoir y renoncer, c'est que le mariage s'impose à moi comme une de ces lois de l'ordre moral auxquelles on ne résiste pas sans troubler profondément sa vie et sans aller contre la volonté de Dieu. Je ne dis pas que cette loi s'impose à tous, je crois au célibat comme à une sainte et glorieuse exception; je dis simplement que cette loi s'impose présentement à moi. Lorsqu'un homme a porté dans son cœur, comme une autre exception aussi rare, aussi sainte, aussi glorieuse que la première, ce grand et chaste amour auquel le monde ne croit pas parce qu'il n'en est pas digne, cet homme, fût-il prêtre et fût-il moine, a la preuve absolue qu'il n'est pas du nombre des victimes volontaires dont parle l'Évangile. Je suis cet homme, et, cette fois encore, je rends gloire à Dieu de ce qu'il a fait en moi! Ses œuvres paraissent contradictoires, mais il en connaît l'harmonie. Au moment où j'allais être abandonné, renié par mes amis et par mes proches, exilé coup sur coup de mon Église, de mon pays, de ma famille, il a envoyé sur mon chemin solitaire et désolé une noble et sainte affection, un dévouement sublime, pauvre des biens de la terre, riche de ceux de l'intelligence et du cœur, et, quand tout a croulé, seul ou presque seul cet appui m'est resté! Eh bien! cet appui ne serait pas ce qu'il doit être, je ne reconnaitrais pas le don que Dieu m'a fait, si j'hésitais plus longtemps à en chercher la consécration dans le mariage chrétien!

Et pourquoi en serait-il autrement? Je ne vois pas de raisons qui m'interdisent le mariage, car je ne puis admettre comme telle la loi ecclésiastique, et moins encore le préjugé de mes concitoyens.

Je me soumettrai toujours aux lois de l'Église, quand on ne me présentera pas sous ce nom ce que Jésus-Christ, parlant aux pharisiens de l'ancien peuple, appelait déjà « des commandements d'hommes qui rendent vains les commandements de Dieu » (Matthieu, XV, 6 et 9.) On veut bien convenir que le célibat n'est pas un dogme, il faudrait reconnaître qu'il n'est même pas une discipline catholique, mais simplement une discipline latine [1]. Encore aujourd'hui, dans l'Orient, le clergé

1. Voir les deux magnifiques discours prononcés au concile de Trente, *pro conjugii libertate*, par le savant André Dudith, de Bude, évêque de Tinina. — On sait qu'à ce même concile, le roi de France et l'empereur d'Allemagne réclamèrent avec énergie l'abolition de la loi du célibat ecclésiastique. Voici quelle fut la réponse du pape Pie IV : « Il

catholique est marié avec la pleine approbation du saint-siége. Il est vrai que de tels mariages doivent précéder l'ordination et non la suivre, mais cette restriction, d'ailleurs pleine d'inconvénients, est sans valeur aux yeux de la saine raison, et n'en laisse pas moins subsister dans toute sa force le principe qu'au jugement de l'Église, il n'existe pas d'incompatibilité véritable entre ces deux grands sacrements, l'ordre et le mariage [1].

Le préjugé contraire tient à une perversion des idées morales dont on est en droit de s'étonner chez des peuples chrétiens. Comment en sont-ils venus à se faire du mariage cette basse et honteuse conception qui répugne aux instincts délicats et généreux du cœur, autant qu'aux enseignements de la révélation ? Ah ! si le mariage n'est qu'une concession à l'infirmité ou même aux passions de notre nature, je conviens qu'il est pour le prêtre

est évident que le mariage introduit dans le clergé détachera les prêtres de la dépendance du Saint-Siége, en tournant leur affection vers leurs femmes, leurs enfants et leur patrie ; que leur permettre de se marier, c'est détruire la hiérarchie et réduire le pape à être évêque de Rome. »

1. On peut voir journellement à Rome, dans l'église de la Propagande, des prêtres mariés, appartenant aux rites orientaux, dire la messe concurremment avec des prêtres célibataires du rit latin.

un abaissement et une souillure, mais je ne vois pas davantage comment il s'accordera avec la dignité que confère le baptême, avec la sainteté qu'il exige, et pour être logique il faudra, comme Tertullien, l'interdire à tous les vrais chrétiens. Mais non, mille fois non, le mariage chrétien, le seul dont je parle, n'est pas une concession à notre faiblesse, il n'est même pas un simple moyen pour perpétuer notre race. Il est — qu'on me permette de me citer moi-même — « la plus pleine, la plus intime et la plus sainte de toutes les unions qui peuvent exister entre deux créatures humaines. » C'est ainsi que je le définissais, il y a cinq ans, dans la chaire de Notre-Dame, et j'ajoutais, avec saint Paul et toute la tradition catholique, qu'il est devenu, depuis l'Évangile, la mystérieuse et rayonnante image de l'union du Verbe avec notre chair, de l'union du Christ avec son Église : *Sacramentum hoc magnum est, ego autem dico in Christo et in Ecclesiâ* (Éphésiens, V, 32). C'est parce qu'on ne comprend plus la doctrine des apôtres, ni les exemples des premiers chrétiens, qu'on a cessé de voir dans l'union des époux, une chose honorable en tous, *honorabile connubium in omnibus* (Hébreux, XIII, 4); qu'on la regarde comme incompatible avec l'état de la vie parfaite et qu'on ne songe enfin qu'avec horreur à la proximité de l'autel eucharistique et de ce foyer de la famille qui devrait être un sanctuaire, lui aussi, et, en un sens, le premier de tous !

Une autre erreur, non moins funeste et non moins répandue, consiste à regarder l'état du célibat comme pouvant devenir l'objet d'un engagement perpétuel. Justement parce qu'il touche à ce qu'il y a de plus intime, de plus délicat, et je dois ajouter de plus périlleux dans les relations de l'âme avec Dieu, le célibat doit demeurer, à chaque instant de sa durée, l'œuvre de la grâce et de la liberté. A l'Esprit-Saint tout seul il appartient d'y attirer et d'y maintenir le petit nombre d'êtres exceptionnels qu'il en rend capables. Mais aucune autorité humaine, ni celle des conciles, ni celle des papes, ne peut imposer comme un commandement éternel, ce dont Jésus-Christ lui-même n'a voulu faire qu'un simple conseil. « Pour ce qui est des vierges, écrivait l'apôtre saint Paul aux Corinthiens, je n'ai point reçu de commandement du Seigneur, mais je vous donne un conseil » (I Corinthiens, VII, 25). — Ce conseil, l'Église a pour mission de le transmettre à tous, à travers les siècles, mais sans l'imposer à personne, et, pour dire ici toute ma pensée, il n'est pas un seul cas où elle puisse interdire le mariage à ses prêtres, il en est mille où elle devrait le leur commander !

L'individu lui-même n'a pas le pouvoir de renoncer d'une manière absolue à un droit qui, à chaque instant et de tant de manières, est susceptible de se changer en devoir. Interrogé par moi sur la liberté des prêtres et des religieux à l'égard du mariage, l'un des plus savants et des plus pieux évêques de l'Église romaine — on comprendra que je taise son nom — m'écrivait ces paroles : « Une telle démarche est toujours permise, souvent nécessaire et quelquefois sainte ! » De semblables convictions existent dans les esprits les plus éclairés, dans ceux-là surtout qui ont la lumière de l'expérience, et qui connaissent l'état réel du clergé et les conditions pratiques de la vie humaine. Si elles ne s'affirment pas assez librement, il en faut accuser le joug de fer qui pèse sur les évêques comme sur les prêtres, et aussi la coupable connivence de l'opinion publique.

Je viens de nommer l'opinion publique. — Autant je la respecte dans ses manifestations et dans ses exigences légitimes, autant je la méprise quand elle ne s'appuie que sur le préjugé. S'arrêter devant le préjugé, c'est s'arrêter devant ce qui n'est pas, et c'est, par là même, donner un corps et une force à ce vain fantôme. N'est-ce point là pourtant ce que font chaque jour, par un mélange de crainte puérile et d'égards hypocrites, les esprits les mieux faits pour redresser les erreurs de leur temps ? — Fatal pouvoir du mensonge qui a perdu et qui perd encore notre malheureuse patrie ! C'est lui qui m'oblige en ce moment à aller chercher sur une terre étrangère, la consécration que la loi, ou, pour parler plus exactement, la magistrature de la France de 1872 refuserait à mon mariage [1], parce que j'ai

1. Ce n'est pas la législation française qui est opposée au mariage des prêtres : elle lui est au contraire ouvertement favorable. L'opposition vient des fausses interprétations données à la loi par les tribunaux, et par le plus élevé de tous, la Cour de cassation. Voici comment M. Odilon Barrot s'exprimait à ce sujet : « Nos lois ont formellement prohibé tout engagement perpétuel, elles ne reconnaissent pas au citoyen le droit d'aliéner sa liberté à perpétuité. Eh bien ! par l'arrêt que nous signalons, voilà tout une classe de citoyens (les prêtres catholiques) qui sera retenue dans les liens d'un engagement perpétuel, sans pouvoir jamais en être affranchis, soit par leur volonté, soit même par la perte des fonctions auxquelles se rattachait leur engagement. *Il est impossible de donner un démenti plus formel et plus direct aux lois du pays.* » *De l'organisation judiciaire en France,* Paris, Didier, 1872, p. 170.

« Quoi, s'écrie éloquemment M. Jules Favre, quoi, après

tout à la fois l'honneur et le malheur d'être prêtre. Mais je ne lui céderai pas davantage, je reviendrai le front haut, le cœur calme, sans crainte comme sans colère, et rien ne m'empêchera d'habiter ce sol, de respirer cet air qui sont à moi et qui me resteront chers, malgré les iniquités dont on les souille! Rien ne m'empêchera de réclamer pour chacun de mes frères dans le sacerdoce le droit légal au mariage, ce droit élémentaire dont la violation, non-seulement dans une classe entière de citoyens, mais dans la personne d'un seul homme, suffirait pour mettre la législation d'un peuple au ban des nations vraiment civilisées !

Oui, j'en suis convaincu, la France, comme tant d'efforts déployés par l'intelligence humaine pour arriver à une législation rationnelle et précise ; après tant de veilles, de nobles travaux, de dissertations profondes, après tant de légitimes inspirations vers un régime qui trace à chacun ses droits et ses devoirs, nous en serions encore réduits à hésiter sur un point aussi capital que celui qui met en question l'ordre civil tout entier et la liberté de conscience ! » *Débats sur la question du mariage des prêtres*, Périgueux, 1862, p. 10.

Quelques pages plus loin, parlant non plus de la loi civile, mais de la loi ecclésiastique du célibat, M. Jules Favre dit avec non moins d'éloquence et non moins de vérité ; « Cette loi, considérée comme une arche sainte, est un autel à double face : à l'une, j'entends gémir des victimes ; à l'autre, j'écoute les blasphèmes des révoltés. » *Ibid.*, p. 42.

l'Église, a besoin de l'exemple que je donne, et dont l'avenir, à défaut du présent, recueillera les fruits. Je connais le véritable état de mon pays, et lorsqu'il voulait bien écouter ma voix, je n'ai cessé de lui prêcher le salut par la famille. Écartant sans pitié les voiles somptueux et trompeurs de sa prospérité d'alors, je mettais à nu les deux plaies qui le rongent et qui s'engendrent l'une l'autre, « le mariage hors de l'amour et l'amour hors du mariage, ce qui revient à dire le mariage et l'amour hors du christianisme. » (*Conférences sur la famille*, 1866).

— Je connais aussi le véritable état de notre clergé : je sais ce qu'il renferme de dévouements et de vertus, mais je n'ignore pas combien il a besoin, dans un grand nombre de ses membres, d'être réconcilié avec les intérêts, les affections, les devoirs de la nature humaine et de la société civile. Ce n'est qu'en s'arrachant aux traditions d'un ascétisme aveugle et d'une théocratie plus politique encore que religieuse, que le prêtre, redevenu homme et citoyen, se retrouvera en même temps plus véritablement prêtre. « Qu'il gouverne bien sa propre maison, dit saint Paul, tenant ses enfants dans la soumission et dans toute sorte d'honnêteté; car si quelqu'un ne sait pas conduire sa famille, comment pourra-t-il gouverner l'Église de Dieu ? » (I Timothée, III, 4, 5.)

Telle est la réforme sans laquelle, j'ose le dire, toutes les autres seront illusoires et stériles. Laissons l'Esprit de Dieu, si nous croyons à sa vertu, maintenir au milieu de nous une élite de prêtres et de filles de la charité, dont le célibat, toujours libre et toujours volontaire, soit véritablement un état de pureté, un état de joie, ou tout au moins de paix dans le sacrifice ! Mais, en même temps, hâtons le moment où la loi de l'Église et celle de la France [1] constitueront dans la liberté, dans la

1. Parmi les instructions apportées par le cardinal Consalvi aux négociations du Concordat, il y en avait de relatives au mariage des prêtres. La cour de Rome était disposée à consentir à ce changement, pourvu qu'il fût compensé pour elle par d'autres avantages. Ce fut le gouvernement du premier consul, moins libéral en cela que le roi très-chrétien au concile de Trente, qui refusa d'entrer dans cette voie, en alléguant que l'opinion publique y serait trop contraire.

Je tiens ce fait très-remarquable et à peu près inconnu, de l'éminent doyen de Westminster, M. Stanley, qui l'a consigné dans ses ouvrages, et qui m'a assuré à moi-même le tenir directement de l'ancien duc de Broglie et de M. Guizot. Ce dernier y ajoutait cette observation, qui ne manque pas d'une triste vérité : « Il y a en France bien des gens qui ne croient pas à l'existence de Dieu, mais qui croient au célibat des prêtres ! »

chasteté, dans la dignité, le mariage du prêtre, c'est-à-dire la concentration, dans un foyer mo-dèle, de toutes les forces de la famille et de toutes les forces de la religion !

Je ne suis rien, mon Dieu, mais je me sens ap-pelé de vous à briser des chaînes que vous n'avez point faites et qui pèsent avec tant de rigueur, sou-vent hélas ! avec tant d'ignominie, sur le peuple saint de vos prêtres ! Je ne suis qu'un pécheur et pourtant votre grâce m'a fait assez fort pour braver la tyrannie de l'opinion, pour ne pas m'incliner devant les préjugés de mes contemporains, assez droit pour agir comme s'il n'y avait au monde que ma conscience et Vous !

HYACINTHE LOYSON,

PRÊTRE.

TABLE DES MATIÈRES

Coulommiers. — Typog. Albert PONSOT et P. BRODARD.